Esta es una historia real que le sucedió a mi hermano. Está escrita tal como él me la contó. Junior estaba seguro de que se había encontrado con Dios. Muy pronto, todos creyeron que realmente lo había hecho, y mi hermano se convirtió en una leyenda en la calle Green. Ese día, Junior cambió, pero no solo él, sino también todos los vecinos de esa calle.

–JSG

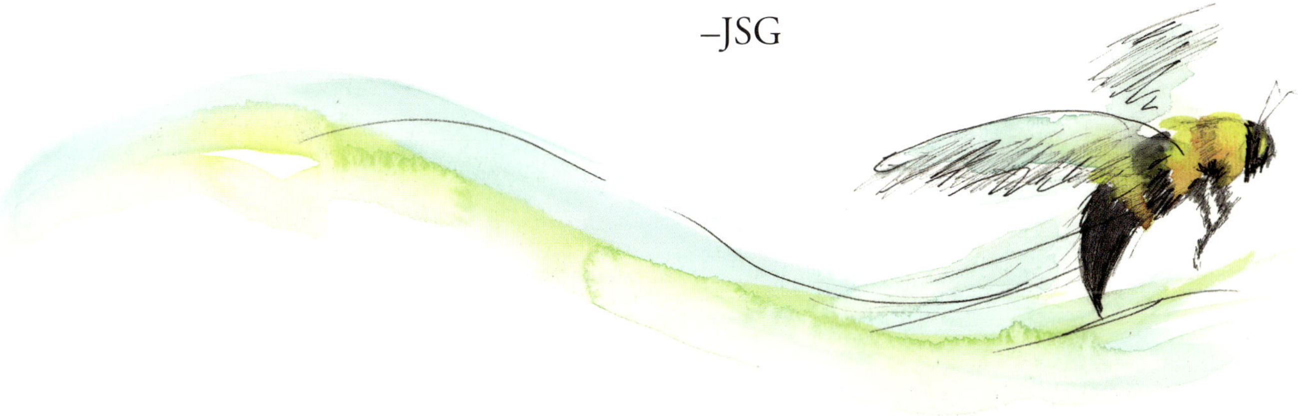

Una voz tan suave como el zumbido de una abeja

Traducido por: Sandra Vejar, Alicia Güerci Hotten, Annette Espinoza

Diseño interior por: Kris Nelson/StoryLook Design & Rode Pannell

Información de Catalogación en Publicación de la Librería del Congreso

Names: Gilchrist, Jan Spivey, author.
Title: A voice as soft as a honey bee's flutter / by Jan Spivey Gilchrist.
Description: Grand Rapids : Discovery House, 2019.
Identifiers: LCCN 2019006359 | ISBN 9781627079365 (hardcover)
Subjects: LCSH: Spivey, Charles, d. 2017—Juvenile literature. | Christian children—Biography—Juvenile literature. | Spiritual llife—Christianity—Juvenile literature.
Classification: LCC BR1715.S65 G55 2019 | DDC 277.3/082092 [B] —dc23

Impreso en los Estados Unidos

Primera impresión en 2020

Una voz tan suave como el zumbido de una abeja

Inspirado por
Salmo 46

JAN SPIVEY GILCHRIST

Our Daily Bread Publishing™

Junior era el hijo del predicador. A temprana edad, empezó a escuchar una voz tan suave como el zumbido de una abeja, que le hablaba. La voz conocía su corazón, tranquilizaba su espíritu, y lo fortalecía cada día y en todo lugar. Pero también lo hacía a él diferente. Era el hijo del medio entre Jan, Gail, Loonie y Duckie.

Como Junior no era como sus hermanas, ni se parecía demasiado a los otros niños, casi siempre se metía en problemas.

Sus hermanas le decían que estaba hecho de culebras y caracoles; lleno de cosas malas. Su corazón se agitaba y la ira empezaba a crecer dentro de él. La voz le susurraba:

"BE STILL... BE STILL..."

«QUÉDATE QUIETO... QUÉDATE QUIETO...»

Su padre le dedicaba un tiempo especial. Junior le contó a su padre acerca de la voz, y el padre lo entendió.

Cada noche, le leía la Biblia. Muy pronto, Junior empezó a memorizar sus versículos favoritos de la Biblia y los repetía a sus hermanas. Pero sus hermanas nunca le prestaban atención. Y la voz le susurraba:

"BE STILL…
BE STILL…"

«QUÉDATE QUIETO…
QUÉDATE QUIETO…»

BASTA
DALE
NO
DALE
BASTA

Junior aun quería jugar con sus hermanas. Así que, lo intentaba una y otra vez, pero simplemente, no había lugar para él.

Un día, mientras repetía los versículos de la Biblia a sí mismo, Junior se dio cuenta de que unos niños lo estaban escuchando, y vio que lo empezaban a seguir todos los días.

BE STILL
QUÉDATE QUIETO

Muy pronto, Junior se sintió orgulloso de ser como su padre. Se puso tan orgulloso que olvidó hacerle caso a la voz. Pensó que ya no la necesitaba. La voz le susurró:

"BE STILL... BE STILL..."

«QUÉDATE QUIETO... QUÉDATE QUIETO...»

El ruido de los truenos y el golpe de los rayos hicieron que los niños se espantaran y huyeran.

El corazón de Junior se aceleró y sintió que se agitaba, y que el enojo aumentaba.

Sintió como si culebras y caracoles le cubrieran todo el cuerpo. Salió corriendo y se paró en la lluvia para lavarse de lo que sentía. Y la voz le susurró:

"BE STILL…BE STILL…"

«QUÉDATE QUIETO… QUÉDATE QUIETO…»

BE

Las hermanas de Junior siempre habían tenido miedo de las tormentas, y él las protegía. Ahora, ellas solo querían encontrar a su hermano. Tal vez era un niño diferente a los demás, pero se podía contar con él. Sin embargo, ahora nadie lo podía encontrar.

Todos en la calle Green buscaron a Junior hasta las altas horas de la noche.

Su padre no se dio por vencido y regresó al patio trasero. Su mamá y sus hermanas lo siguieron. Y ahí, en el jardín, estaba Junior, sentado.

Cuando su papá le preguntó dónde había estado, Junior susurró: «Estaba con Dios».

«La voz dijo: "Ven al agua"».

Su padre le preguntó: «¿No tenías miedo?».

Junior le contestó: «Yo conocía esa voz. No sabía quién era, pero ahora lo sé. Me dijo:

'BE STILL AND KNOW THAT I AM GOD.'"

"QUÉDATE QUIETO Y RECONOCE QUE YO SOY DIOS"».

Salmo 46: 1, 4a, 7a, 10a traducido de la Biblia NIrV en inglés.

Dios es nuestro lugar de seguridad. Él nos da fuerza.
Él siempre está presente para ayudarnos en los tiempos difíciles[...]
Las bendiciones de Dios son como un río[...]
El Señor, quien tiene poder sobre todo, está con nosotros[...]
Él dice: «Quédate quieto, y reconoce que yo soy Dios».

Lee más acerca de cómo conocer a Dios en Salmos 2:12c; 24:10; y 47:2

Junior (Charles Spivey Jr.) creció, se casó y se convirtió en padre de cuatro hijos. Combatió en la Guerra de Vietnam, donde fue herido, pero vivió una vida normal. Está enterrado en el Cementerio Nacional Abraham Lincoln, en Illinois, Estados Unidos, junto con su padre, el reverendo Charles Spivey Sr. Junior fue un hermano amado, hasta que falleció de diabetes en octubre del 2017.